비의 후문

정수자 시집

시인동네 시인선 053

정수자 시집

비의 후문

시인동네

시인의 말

미처

미치지 못한

때때로

턱없이 들끓은

이제는

돌이킬 수 없는

찾고 헤고 기른 것들을

세상의 머리맡으로 보내는

2016년 초록 오월

정수자

차례

시인의 말

제1부

슬픈 편대 · 13

환향 · 14

벚나무 아래 앉아 · 15

봄꽃 앞에서 · 16

누운벼락 · 18

소심한 고백 · 19

손톱 눈곱 · 20

신음이 지나갈 동안 · 22

비의 후문 · 24

달우물역 · 26

붉음의 행간 · 27

흑여 · 28

제2부

너무 이른 사람 · 31

슬픈 고무신 · 32

팽목항의 아침 · 33

어느 별지기에게 · 34

당고모 · 36

뚱 · 37

완도댁의 새벽 행차 · 38

하얀 눈물 · 39

시소의 이별은 길다 · 40

문 열어라 꽃아 · 41

지금이 어디예요? · 42

연밥 · 44

제3부

푸르른 날에는 · 47

한가함의 깊이 · 48

심오한 실수 · 49

코뿔 없는 코뿔소 · 50

크레바스크레바스 · 52

편서풍 · 53

분홍 낙관 · 54

무장무장 · 55

부잔교 · 56

서름한 날 · 58

처서, 바람의 애무 · 59

그래그래 · 60

제4부

그늘 장기수 · 63

폐사지 그늘 · 64

목련 편지 · 66

편애의 기억 · 67

그늘 시봉 · 68

겨드랑 자드랑 · 69

그늘의 상속 · 70

붉은 저녁 · 71

흰소리 그늘 · 72

옛 편지처럼 · 73

장엄한 귀 · 74

그리운 두런두런 · 75

꽃그늘의 거처 · 76

제5부

검정의 감정 · 79

빨치산을 읽는 밤 · 80

어쩌면 · 82

마술 혹은 미술 · 83

꽃멀미 · 84

그나마 다행 · 85

왼이거나 바른이거나 · 86

가을 저녁의 말 · 87

주름에 대한 소고 · 88

에스프레소 · 89

오호 · 90

시라는, · 92

별똥 · 93

해설 "붉다", 그 장엄 슬픔의 시들 · 95
장석주(시인·문학평론가)

제1부

슬픈 편대

허공을 찢으며 우는 기러기떼 발톱이여

멀건 국물에 뜬 노숙의 눈발들이여

한평생 오금이 저릴 저 강변의 아파트여

환향

속눈썹 좀 떨었으면
세상은 내 편이었을까

울음으로 짝을 안는 귀뚜라미 명기(鳴器)거나 울음으로 국경을 넘은 흉노족의 명적(鳴鏑)이거나 울음으로 젖을 물린 에밀레종 명동(鳴動)이거나 울음으로 산을 옮기는 둔황의 그 비단 명사(鳴砂)거나 아으 방짜의 방짜 울음 같은 구음(口音) 같은 맥놀이만 하염없이 아스라이 그리다가

다 늦어 방향을 수습하네
바람의 행간을 수선하네

벚나무 아래 앉아

벚나무 아래 앉아 늦은 벗을 기다리네

그새 식는지 그늘이 희끗 삭네

부고만 휙 던지고 간 옛 체부의 은륜처럼

순간 떠난 꽃 따르듯 볕은 그새 붉어서

농익은 눈물처럼 발치를 뚝뚝 적시고

먼 서녘 밀주처럼 고이는 소쩍새 잣는 소리

봄꽃 앞에서
―먼 나라에서 일어난 전쟁이여, 태연하게 집으로 꽃을 사들고 가는
나를 부디 용서하라―비스와바 쉼보르스카의 「작은 별 아래서」 중

봄꽃이나 사볼까나
좌판을 죽 뒤적이다

그새 일 년이…… 손이 무춤할 때

슬픔은 어디서 숙여 울까
온 천지가 꽃난린데

통곡쯤은 전단인 양
찢고 찍는 차벽 앞에

거리를 떳집 삼은 저 눈물 촛불[燭佛]들

아직도 못 묻은 꽃들을
심장에서 꺼내는데

얼마를 더 바쳐야
우리 봄은 봄이려나

＞

호곡으로 세워온 봄꽃 앞에 엎드릴 때

산하도 촛불을 켜드네
제단을 새로 차리듯

누운벼락

밀쳤는데
괴한이 아니라

너였다
아니 나였다

잡았는데
나무가 아니라

물이었다
뿌리 없는

천지간
가위 눌린 봄날

네가 뜬다
내가 뜬다

소심한 고백

꽃 한 송이 피우는 데 가담한 적 없는데

꽃 진다, 찍는 것도 가소로운 간섭 같아

숙이며 지나치려 하니 발 놓을 데 가뭇없네

아픈 쪽에 가담해온 詩 자취도 희미할 때

뒤트는 지렁이들 피해 서던 아래쯤엔

말없이 기는 것들이 흙빛 윤을 돋우려니

가벼운 적선만 같아 '좋아요' 망설이듯

슬픔도 함부로는 호명치 않으리라

테라도 우웅 울려야 꽃숨 없는 가담이려니

손톱 눈곱

손톱 옆에 그새 끼친
까슬까슬 거스러미

눈치 없는
눈곱 같고
괜히 삐진
실밥 같아

조금 더, 떼려다 그만
피를 보는 봄날 오후

손톱 가위 내려놓고
꽃 지는 양에 팔리다

일없는
귀지처럼
소매 끝
보풀처럼

>

조금 더, 그냥 두어본다
아지랑이 멀미인 양

신음이 지나갈 동안

아파트 뒤편쯤서 뭔 괴음이 들려왔다

*귀만 커진 채
열까 말까 움켜쥔 채*

잠깐이 길게 흐를 동안 침묵들만 큼큼대다

땀 흘리는 문손잡이 슬며시 풀어주며

*그래 고양일 거야
사랑하는 소릴 거야*

엎었던 책을 펴들자 다시 찢는 신음 소리

귓불만 길어져서 쿵쿵대던 앞동 뒷동

*누군가 전화했겠지
구급이 다녀갔겠지*

\>

열쩍게 커튼을 치자 창들이 반짝 웃었다

비의 후문

*

비만 오면 헤매던
너를 쓰다 손이 식는다

공기를 깨뜨리며 맨몸을 내던지는

투명한 투신들을 받느라
풀잎들 팔팔 떠는 날

**

팔이 긴 그령풀도
내내 떨며 놓아 보내는

비의 후문에 먼 낙석이 닥칠 때

얼마나 차게 떨었을까
다리 위의 오금들도

***

난간을 짓깨물며
파랗게 혼자 식어갔을

뒤꿈치를 바람은 잠시나마 안았을까

낙수들 팔꿈치 길게 저린
뒤끝도 긴 장마 끝물

달우물역

기적인가 귀 모으면 두루미들 발 씻는 소리

삼방 눈쫌 묻혀오나 구름도 차게 떠는데

이정표 벌 서는 너머 역사 홀로 삭는 소리

철로가 다 녹도록 헛말들만 녹을 쌓고

하 뜨겁던 손차양들 하마 식는 월정리역(月井里驛)

기적도 울 자리가 있어야 용틀임을 뽑는데

일갈하듯 두루미만 이마를 치며 오가는

철원역 ← 월정리역 → 가곡역 곧 원산이건만

가곡(佳谷)이 아라사보다 멀다, 곧 가려니 손 놨건만

붉음의 행간

그늘이 한층 깊었다
능선이 죄다 식나 보다

여름내 그을린 팔 애무하던 바람 끝이 단물 빠지듯 조금씩 서운해지나 싶더니 찬 달빛 나눠 젓는 기러기네 울음에도 함흥쯤의 서리끼가 선뜩선뜩 끼치더니 실핏줄까지 새빨갛게 한껏 태운 당단풍들 손금을 오그리며 천방지방 뛰어내려 가을날의 긴 실연을 곰비임비 완성하는지

꼭지들, 마른 몸 포개는
뒤끝들이 다시 붉다

혹여

꿈보다 더 사무치게
살 맞을 날 있겠지요

땅거미 치렁한 저녁의 난간으로

오마던
하마 먼 사람

번개라도
는개라도

제2부

너무 이른 사람
―나혜석

세상의 돌멩이쯤 콧등으로 받아치며
온몸을 붓 삼아서 생을 거듭 세웠지만

당신은 외로운 검객
이중의 아픈 식민지

가부장국 철옹성에 펜을 불끈 겨눌수록
쏠고 씹는 가십들이 문전에 쌓일수록

이마가 불타올랐다
손목이 뜨거웠다

애도 집도 다 앗긴 채 결국은 홀로 걸은
칼바람만 등을 치는 선각이란 진창길에

높아서 슬펐던 사람
그 눈이 여직 붉다

슬픈 고무신
―어느 일본군 위안부의

고무신이 벗겨진 채 소녀는 끌려갔네

부를수록 집은 멀고 총칼은 목에 닿고

악문 채 몸을 봉해도 군홧발에 녹아났네

총을 물고 울었건만 목숨은 욕을 넘어

헐은 몸 닦고 닦아 옛집 앞에 섰건만

코 베인 고무신처럼 생이 자꾸 벗겨지네

팽목항의 아침

비죽이 어린 새가 흐린 하늘을 울고 가매

해는 또 떠오르건만 못 떠오른 얼굴들을 팽목이 다 헐도록 같이 부르다 주저앉는데 파르르 노란 리본에 겹쳐 떠는 어린 손들 들이치는 물소리에 울며 나른 카톡들이 자명고(自鳴鼓)를 문초하듯 신문고(申聞鼓)를 심문하듯 벼락을 다시 치네

거기도 아침이 오더냐고
사람 사는 나라냐고

어느 별지기에게
— 김진숙

어느 별의 지기였나
망루는 아는 그녀는

허공 벼랑에 희망을 파종하듯

밥 먹자
같이 먹자고
온몸으로
종을 쳤네

그때마다 어둠들도
눈을 잠시 비볐지만

마중물 희망버스 캄캄히 끌려가고

홀로이
탑을 쌓았네
309과(果)

눈물사리

당고모

대문간에 들자마자 울음부터 꺼내놓는
소년과부 재당고모 숨넘어가는 사설에

애꿎은 칼국수만 붇네
언닌 흥흥 흘겨대고

요릿집은 말치레뿐 빚쟁이에 쫓기는지
양자마저 뺏긴다고 오빠를 자꾸 부르니

뒤늦게 다정한 누이에
아버진 내 끔벅대고

사촌만 떵떵 찾다 코는 왜 여기 와 푸누
어머니 절구질에 처마 끝도 움찔움찔

그 저녁 모기나 때리다
별 웃는 소릴 들었네

뚱

기능성을 벗는 순간 출렁출렁 흘러내리는
희멀건 살집일랑 주워 담지 않겠다고
모른 척 밥을 비비며 헤진 밥을 여미지만
오십 줄엔 계산대니 감정노동도 감지덕지
늘어지는 나잇살쯤 올인원에 잘 가두고
오늘도 웃고 또 웃었네, 이상 무(無) 로봇처럼
덧셈으로 밥을 벌지만 뺄셈만 자꾸 늘어
바코드에 안 찍히는 슬픔은 더 뚱뚱해져
선 채로 추락을 산다네, 날개란 늘 첫사랑이니

완도댁의 새벽 행차

완도산 미역처럼 거뭇걱실한 완도댁 부스럭에

왜 그러세요 할머니, 오줌 좀 누려고 끙, 금방 잠든 딸 깨우기 미안타고 디스크환자 손을 빌려 육중한 몸을 드는데, 끄응 한 발 내리고 또 한 발 끄응 내릴 때 8인실의 침상들도 부스럭 궁시렁 뒤척이다 뒤집어쓰다 결국은 다 깨어 보는데, 싸알싸알 좀 혀소잉, 휠체어에 겨우 앉은 새벽 4시 완도댁의 기나긴 오줌 행차가 눈빛 호위 받으며 어기영차 나서는데

  황황히 뒤따르는 딸 어깨로
  먼동이 먼저 용을 쓴다

하얀 눈물

감잎을 똑 닮아서 안고 온 벵갈고무나무
그중 못난 잎 하나를 따내고 돌아서니
뚜욱 뚝 하얀 눈물로
본적을 일러주데

    제 나라 뚝뚝 떠나와 퀭해진 눈매들처럼
    새끼 잃고 뚝뚝 흘린 산양의 흰 젖처럼
    저물녘 호명을 그리다 슴벅 젖는 눈썹처럼

돌아서서 눈물 훔치는 불법의 꿈만 같은
꺾꽂이들 앙버티는 체류의 밤만 같은
뚜욱 뚝 눈시울 너머로
철새 치는 상강 즈음

시소의 이별은 길다

시소는 기다린다 가벼움의 긴 도착을
허밍으로 별도 꾀던 등나무 같은 동네 오빠

껑청한 그 짝다리 너머
목에 걸린 울음 너머

그 애가 늘 앉던 자리 손잡이만 홀로 붉다
멍한 것도 아닌데 멈춰진 기울기로

평형수 마구 빼버린 세월
반복 재생 화면처럼

문 열어라 꽃아

웬 천둥이 쳐들어와 퍼뜩 보니 새벽 2시 40분

 문 열라는 어미와 안 열려는 딸년 사이 쾅쾅 탕탕 옆집 문이 내 두들겨 맞아가며 한잠 든 이웃들을 투덜투덜 깨워대고 경비가 다녀가고 경찰이 다녀가도 모녀간의 전쟁은 모르쇠로 계속되고 상하좌우 변기마저 죄다 깬 듯 부글부글 물 내리는 소리까지 한 소란 거드는데 요즘 제일 무섭다는 중2병 발작인지 부쩍 잦은 난장질에 마지못해 참견하듯 '문 열어라 꽃아'* 나 비몽사몽 중얼대다 신문이나 보자고 조간 집다 힐끗 보니 멀쩡히 학교 잘 가데 앞머리 비다듬으며

 꽃들아, 그냥 다 싫은 꽃들아
 그래도 문은 좀 열어라

---

*서정주 시 「꽃밭의 獨白—娑蘇 斷章」에서.

지금이 어디예요?

버스는 떠나는데
문을 급히 때리는 손

비명 실린 비문에 번쩍 눈뜬 사람들이

불현듯 그 어디를 찾아
지금 속을 두릿대네

지금은 여기인데
어디는 늘 다른 데라

내려야 할 곳이거나 닿아야 할 곳이거나

일생을 찾아 헤매는
마음 밖의 정처(定處)거나

다음이란 대답 앞에
살풋 웃는 동남아 여자

〉

겨우 찾은 어디로 지금은 내리지만

황망히 다시 묻겠네
지금이 또 어디인지

연밥

천 개 손을 뻗어
만 개 꽃을 피우더니

놓친 손목에선
피도 뚝 뚝 흐르더니

어느새
진흙밥 짓고
쑥 쑥 올린

저 골반들!

제3부

푸르른 날에는

이자도 안 아까워
우정 은행에 간다

무담보에
무한량의
금싸라기
가을햇살

숨조차
호, 호사스러워

삼가듯
떨며 간다

한가함의 깊이
—미로한정(未老閒亭)*

아직 덜 늙어 이곳에서 한가로이 노닐러니

 한 품씩은 으늑해진 가을 품은 성가퀴마다 시월상달 우물처럼 잇몸 시린 하늘빛에 국화주 빚는 바람 따라 얼근해진 처마 따라 한정품국(閒亭品菊) 그윽함의 심급을 매겨보다 난간에 매어놓고 흠향하는 미로라니 달빛 별빛 퉁겨 보는 한가함의 농현이라니

 한 생의 가을 낙관이 그러하리
 산조(散調) 한 채 건듯 두른

* 정조 양위 후 머물 뜻을 담은 화성행궁 뒤 정자로 '한정품국'이 수원8경의 하나로 꼽혔음.

심오한 실수

가을도 잘 거드시길, 카톡 오자 고치려고

거두시길, 적다 말고 화들짝 눈이 뜨여

말없이 거드는 것들을 일삼아 곰곰 짚는 날

거둠보다 만만하니 숙여 드는 거듦이란

깨알에도 깃들여온 자국 없는 바람의 일

한 편의 어눌한 행간조차 줄커피가 거들었듯

심오한 전언인 양 오자 하나 다시 받드는

부지깽이도 거든다는 가을도 한가운데

뒤늦게 쥐구멍 깁듯 연명(連名) 한 홉 없는다

코뿔 없는 코뿔소

코뿔 잘린 코뿔소가
없는 뿔로 들이받을 때

아프리카 큰 밀림이
쿵쿵 꾸웅 받아줄 때

먼 북극
시푸른 빙하도
주르륵
무너진다고

자존의 뿔 자르기가
생존의 외길이라니

밀렵의 구린 산물
코뿔 없는 코뿔소를

무어라

이름 지어야 하나
꿍꿍대는
저 슬픔을

크레바스크레바스

가을하늘 심연 같은
그 안의 푸른 칼날 같은

품지도
건너뛰지도
얼렁뚱땅
잘 수도 없는

물린 채
깊이 정든 악몽

詩라는 저!
천적 같은

편서풍

바람에도 편이 있어 동으로만 닫는 걸까
일찍이 산 너머로 몸이 닳던 맨발처럼

편서풍 습한 질주는
편애의 오랜 습관

―덩달아 요동치던 머리칼을 수습하고
―허리통 매만지며 머쓱해진 나무처럼
―중력에 기대어 늙는 지구의 관습처럼

맨발의 바랑인 양 바람을 경전 삼는
맹목의 맨발인 양 방향을 편식하는

편서풍 푸른 질주는
미완의 오랜 편애

분홍 낙관

1
꽃들은 봄의 미아
필 때마다 길을 잃는

호르르 호리다 홀리다 훌쩍이다

행락도 미아로 만들며
발등을 덮는 꽃잎들

2
떠난 딸애 창에 붙어
붓도록 같이 울다가도

번개를 삼켰거나 나비를 섬겼거나

발밑이 도원이라는 듯
누누이 찍는 꽃잎들

무장무장
—'돼지풀전쟁'에 붙여

여름이면 돼지풀도 한 부역씩 한다는 비무장지대

남과 북 중간에서 무장 없는 틈을 타고 무장무장 웃자라는 무적 같은 돼지풀은 이쪽서 싸지르면 저쪽서 맞지르고 저쪽서 꽥 지르면 이쪽서 확 지르고 크게 한판 붙은 끝에 시야 겨우 터주는데 씨 말리는 맞불에도 다시 뻗쳐 우쭐우쭐 남북 유별 길어지는 이산 눈물 여봐란듯이

  죽어라, 씩씩 엉킬 길 찾네
  죽어라, 겨눈 총 앞에서도

부잔교*

투둑, 툭,
교각을 치며
먼 물이 밀고 온다

근대의 퍼런 서슬처럼
식민의 검은 사슬처럼

반도를
송두리째 흔든
격랑의 그 밀물처럼

생금 같은
남도 미곡
번히 뜨고 실어 보낸

철도의 긴 노역과
항구의 긴 하역과

\>

부잔교

물 따라 몸 내준

슬픔도 하마 늙었다

―――――
*일제강점 때 호남평야 미곡을 실어 나른 군산항의 뜬다리.

서름한 날

울다 깬 새벽이면 다른 생에서 왔나 싶게

서름한 그림자가 창 너머에 우련 섰다

꿈인 척 따라가 버릴까 발가락이 달달했다

후생의 손짓만 같아 꽃노을에 마냥 취하다

햇귀 잡고 이슬 터는 지붕들 날갯짓에

후다닥 눈곱을 떼며 이생의 문을 잡았는데

문고리를 잡고 서면 덜미가 다시 선뜩해져

고치다 지친 사춘기적 유서라도 복기할 듯

울다 깬 서름한 날이면 고아인 양 서러웠다

처서, 바람의 애무

풀기 빠진 삼베모양 여름을 개켜 물리면
비로소 곁에 서며 등을 치는 햇바람들
한소끔 불기를 거둬내듯
그을린 별을 닦아내듯

서운한 입술인 양 연해 더듬는 바람결에
팔을 맡겨 나앉으면 멀리 사과 익는 소리
과즙이 탱탱 오르는 듯 사랑니 시린 달빛 소리

물기 걷힌 거리에서 거풍 마실 도도한 날
잊었던 울음들의 안부를 다시 물으며
고슬한 바람의 귀향에
귀를 오래 씻는다

그래그래

나무야
너도 아프니
온 삭신이
풍장이니

통증이 천 근인 날
안부는 만 냥 같아

구름아
너도 캄캄하니

크게 한번
울고 가렴

제4부

그늘 장기수

형제봉 아래 응달집은 그늘도 응당 깊어
쓸데없는 시름 서넛 이맛전에 섬긴 채

청보라 산등성 너머를
연모했네 하릴없이

저녁이면 능선들은 이내로 더 으늑해져
별을 달고 부르지만 타넘을 순 없어서

빈손을 쥐었다 풀었다
그늘을 내 필사했네

가출쯤은 쉬 끓리던 앞산 뒷산 푸른 기침
고까워도 받들어온 응달 딸은 그리하여

그늘의 숫된 장기수라네
이끼 같은 먹새 같은

폐사지 그늘

현오국사 탑비보다
먼 데까지 비추어주던

절터 아래 살구나무집
살구 혼자 잘도 익어

비구니
눈망울만 같이
보송한
귓불만 같이

그 아래서 가출, 출가
아까시 잎새 따다 말고

못가에 휘움 앉아
물 깊이나 헤다 보면

폐사지

종그늘이 우는 듯
산 밑이
섧게 은은했네

목련 편지

누옥에 홀로 누워 개화 낙화 다 보내는

누추한 밤입니다

눈비 치는 봄입니다

저 누런 반송 편지들은 어느 심실에 심을까요

편애의 기억

지평선을 편애하는 당신의 늙은 오후엔
먼 데로 실실 흘린 눈그늘만 만 리라고
큰 입의 점성술사처럼 능선들이 속살댔지
수수만리 그늘 길에 구름이 편승하면
사막을 애무해온 바람 손이 떨며 날고
호수도 날아오를 듯 소름꽃을 피워댔지
채집해온 그늘을 모니터에 펴는 밤이면
바람을 편먹은 양 속닥인 긴 인중들
천생의 팔랑귀처럼 편애로 다시 달떴지

그늘 시봉

형제봉의 식솔인 양 뒤란 매양 검푸르더니
응달집 넷째 딸은 괜스레 눈만 깊더니

몇 뙈기 그늘 소작농
생이 참참 소슬해라

감꽃들만 과꽃들만 소관은 아니어서
밤이면 어인 빛이 황홀히도 넘쳐나서

별 이삭 한껏 주우며
고아인 양 높았어라

별똥 찾아 떠난 이들 간간이 그렸으나
뒷산의 밀서 같은 이끼 품에 깃들었으니

깊푸른 그늘 본적을
시봉(詩峰) 삼듯 시봉하듯

겨드랑 자드랑

고슬고슬 바람 맛에 겨드랑이 들썩거리던

처서 지나면서 수수목이 깊어졌다

과꽃들 조촐한 뜰에도 흰 이슬이 당도했다

과년한 언니처럼 과꽃은 수굿해지고

월담하는 휘파람에 풀기 빳빳 높일 즈음

가을은 제 자드랑마다 고추나 창창 붉혔다

그늘의 상속

구름이 자리 펴면 잔등부터 시린 것은
산그늘 천수답의 쓸쓸한 상속 같다
굴뚝께 엄니 언니 눈물
훔쳐보다 물려 입은

살림 밑천 언니는 서울 그늘로 시집가서
변두리 비탈집에 달빛 수를 놓다가
간간이 한숨 소리를 가을비에 부쳤는데

천식으로 홀로 붉던 늦가을도 늦은 밤에
이불 괴고 앉으면 뜨락이 식는 소리
바람이 고시랑고시랑 서리가랑잎 볶는 소리

제사 많은 가난한 집 우둑우둑 서릿발 돋운
밤새랑 시래기랑 찬 그늘에 데었건만
살(煞) 맞듯 허름한 밤이면
새 문장이 덜컹댔다

붉은 저녁

시방 나는 뜨겁다
슬픔을 분리하느라

뇌관을 움킨 채 불타는 관자놀이

그냥 확, 뽑아버릴까
꽃시절이 그리 갔다

짤까 말까, 왕여드름
자폭을 어루만지던

화농의 봄날처럼 하늘을 올려보니

그이도 어쩔 줄 모르나
눈시울이 하냥 붉다

흰소리 그늘

상엿소리 일품이던 건넛마을 오지랖아재

빛 좋은 설레발로 독수공방 챙기더니

딴살림 깊어졌다는 둥 청도 퍽 높더라는 둥

물고 낼 듯 짖던 개가 꼬리 흔든 십여 년 뒤

병 깊어서 기어든 공방네 아재 꼴값이나

멀거니 눈치나 훔치던 오지랖아재 꼴값이나

닭 쫓던 늙은 수캐들 달이나 가끔 울더니만

들썩대던 아지매들 방망이 김도 식더니만

만가 속 흰소리 그늘만 천 리라나 만 리라나

옛 편지처럼
―'다시 보냄'에 붙여

다시 보냄,
그 앞에서 나 한나절을 서성였네

참하게 입술 다문 흰 봉투의 망설임에 열까 말까 다시 봉한 첫사랑 입술처럼 입술을 열자마자 화르르 진 목련처럼 그 아래서 파르르 눈썹 떨던 편지처럼 오늘따라 사운대는 흰 봉함의 흰 숨결을

청춘의
푸른 추신인 양
섬겨 읽네
자간
자간

장엄한 귀

슬픔을 경청하는 나무어른이 있었다
그 앞에 숙어들어 울음 층층 고하면
먼 내도
귀를 세운 듯 순하게 반짝였다

밤의 검은 한숨을 초록 노래로 번안하다
한곳길엔 아이들의 나팔이던 잎사귀들
저녁이
당도할 즘이면 소처럼 귀를 모았다

아파트에 끼인 후 자진하듯 마르더니
우렁우렁 오백 성상 온몸이 귀가 됐다
오오냐
십리는 품어온 슬픔으로 장엄한

그리운 두런두런

국으로 부엌에 드는 아버지의 헛기침 소리
간밤 술을 쥐어박는 어머니의 칼질 소리

그 사이
쇠죽은 다 끓고
워낭이
흠흠 웃고

눈이 제법 쌓이는 걸, 싸락싸락 싸리비 소리
불 담은 화롯전을 타닥 탁 터는 소리

그 사이
구들은 더 끓고
까치 두엇
희게 울고

꽃그늘의 거처
―이상화 선생님께

   흐느러진 벚꽃 일가(一家)도 하마 멀리 갔겠지요

   새잎들 연두 숨이 귓등 손등 하냥 적신 능수벚꽃 아래서 술잔 찰랑 칠 때마다 꽃그늘도 연분홍 꽃밀물을 들이밀어 가슴속 꽃종들을 서로 꺼내 달아주던 이승도 한 기슭의 그중 높은 첫 뜰에서 그중 높이 취하던 꽃주렴의 봄날처럼

   능수야 꽃그늘의 거처도
   그렇게 또 깊겠지요

제5부

검정의 감정

집을 떠나자 그들은 검정이 되어갔다
뜨겁게 달려온 깃발들 투항 끝에

빨강쯤 훌쩍 건너버린
무정부의 정부처럼

별을 보며 걷던 날의 열정을 감정하듯
감정을 검정하듯 국경은 새로 쓴다

발 없는 타클라마칸처럼
제 발을 제가 묻는

그리하여 아나키스트, 검정의 영역이란
영원히 귀향하는 색들의 귀항지다

바람이 유일한 길이듯
바람이 그 노래이듯

빨치산을 읽는 밤

걱정 많은 경비처럼 외등만 떠는 공원

눈의 정령인 양 잠 못 드는 창들 저편

언 발을 푹푹 빠뜨리며 설국의 밤을 가리

네 숨이 후끈 스쳤을 자작나무 흰 허리께

백야 속 몽유 같은 붉은 꿈을 찾아가리

빨치산 푸른 애인들 산막이 들썩이도록

눈보라 한 번이면 사라지는 발자국들

온몸으로 밤을 저어 식은 굴뚝에 닿아도

아무르 검은 강 너머 메아리를 미행하리

총도 칼도 꽃가진 양 눈부시던 강철 어깨

혁명이란 연기 속에 사라져간 마을 헤쳐

아직도 뚝뚝 피 듣는 붉은 풍문을 수습하리

어쩌면

희망을 보수하다
보수로 슬슬 기울듯

사랑을 고치려다
혀만 닳고 뒤는 닮듯

사는 일
하, 하염없어라

덧없어서 또
꽃이 펴라

마술 혹은 미술

피 배는 와중에도 입술로는 웃곤 하던
마술은 더 이상 내 꽃차례 아니라고

가슴이 부스럭거려도
그냥 조금 웃어요

꽃술 같은 눈웃음을 아리잠직 가꿔 두면
잇새로 삐져나오는 신음일랑 어제의 것

꽃처럼 목이 잘려도
세상 속에 웃어요

푹푹 꽂는 칼날 속을 살아 나온 그녀처럼
막장까지 웃을 때 상처에도 꽃 핀다고

꿈이듯 주문을 되뇌며
조금 길게 웃어요

꽃멀미

꽃차일 난만하게
팔달산을 덮칠 즈음

누군가 폴짝 터친
아, 연애질! 하고 싶다

그 순간 봉화를 올리듯
꽃폭죽이 구구만리

꽃그늘께 꽃비처럼
도도하게 번져 가는

물 오른 노래 따라
화전(花煎) 두른 성곽 따라

봄날은, 간다, 간다, 고……
꽃멀미도 구구만리

그나마 다행

옷소매도 삼베쯤은 소리 죽여 적셔봐야
슬픔의 심급을 주억주억 헤아린다고

그마나
다행이라는 주술에 기대 봄을 넘네

저승 문턱 불려갔다 퇴짜라도 맞은 양
그나마 다행이지, 누군가 꺼내 들면

화들짝
숙여 받드는 살아 있음의 광휘라니!

그나마에 기대서면 목발쯤은 애인 같아
다행의 층위를 비로소 다시 짚는 날

뻐꾸기
목쉬는 울음도 웃음이라 옮겨 보네

왼이거나 바른이거나

왼쪽으로만 씹다가 오른쪽으로 틀고 보니

친절한 화살표에도 우측보행 뒤엉키듯 밥알들이 우왕좌왕 혀를 씹곤 하는데 균형을 권고 받은 턱관절도 좌고우면 그럴 대도 우향이 오늘날의 살길이라, 우격다짐 보철 따라 우향을 연해 탐하다 예부터 외면당한 왼을 문득 돌아보니 그 까닭을 따져 묻듯 손을 불쑥 드는 거라, 오른은 늘 옳은지 바른은 또한 바른지 근데 왜 일은 늘 바른이 또 많은 건지

  왼손을 가만가만 쓸다가
  바른손을 가만 두다가

가을 저녁의 말

자분자분 새김질로 저녁이 또 길어진다

과부하가 걸린 듯이 지레 붉은 단풍 사이

밀쳐둔 신간들 앞에 생이 자꾸 더부룩하다

새김질은 어쩌면 슬픔을 수선하는 일

뭉텅 삼켰거나 훌쩍 들이켰거나

파지 속 붉은 신음을 씹다 젓다 별도 찾듯

신트림들 되새기며 점점 길게 저물려니

매일 홀로 넘어도 석양 저리 장엄하듯

시라는 지극한 울음을 비장처럼 길렀으니

주름에 대한 소고

주름 없는 살이란
      부식을 뺀 플라스틱

주름 지운 몸이란
      늙음을 잃은 석고상

제 몫의 온 시간을 지우는
      방부제의 맑은 중독

벗으면 비로소 떠는
      우리네 깊은 골들

주름을 활짝 피운
      살들의 고요한 항의

시간의 겸허한 포옹들
      주름 길을 꽃길 삼는

에스프레소

새벽부터 간절하다
쓰디쓴 불륜
한 잔

뼈 구멍 나든 말든
마음 바닥 바짝 달 때

뜨겁게
목을 타넘는
원초적 희열
한 잔

오호

다쳐 보니 알겠데
급하면 다 긴다는 것

안이든 바깥이든
고르기만 빌며 갈 때

삶이란
구멍 수리공의
허술한 약속만 같아

기다 보니 알겠데
탯줄부터의 꼴값임을

개뿔, 받다가
손이 발이 될 때

오호라
꿇어지는 무릎

꽃 앞이면 좋겠네

시라는,

시라는, 끗발 없는 면역 없는 긴 감염에
혼자 울다 혼자 떠는 자위의 긴 병통에

세상의 헌 데를 돌다가
바람의 뒤나 밟다가

손을 거듭 씻어도 깊이 물든 보균으로
방언 마구 터지는 부족처럼 솟구치다

그 결에 발등을 또 찧는
부관참시 관을 짜는

제 설움에 높이 우는 무연고의 곡비인 양
조문의 긴 밤이다 위령의 운명인 양

시라는, 부적도 없는
귀신에 깊이 들린

별똥

별아
좀 들어올릴래?
다른 행성으로 가게

독작 끝 난간에서 없는 깃 마구 치는데

확 긋는
한 줄의 행장(行狀)

치사량의
파본 한 편

해설

"붉다", 그 장엄 슬픔의 시들

장석주(시인·문학평론가)

산다는 것은

 산다는 것은 무엇일까. 사람은 더도 아니고 덜도 아닌, 존재하지 않으려는 경향에 꿋꿋이 맞서는 존재하려는 경향의 실재다. 헛것이 아니라 땀 흘려 일하고, 밥 먹고 잠자며, 아이를 낳고 기르는 존재라는 뜻이다. 사람이 단지 숨 쉬고 살아 있을 뿐만 아니라 뭔가를 하고 됨의 존재로 나아가는 것은 의식과 자유 의지를 갖고 있는 까닭이다. 우리는 '거기 있음', 즉 현존재다. 철학자라면 그 현존재에 대하여 이렇게 말할 수도 있을 것이다. "현존재의 본질은, 그 존재자가 각기

자신의 존재를 자기의 것으로 존재해야 하는 거기에 있기에, 현존재라는 칭호는 순전히 이 존재자를 지칭하기 위한 표현으로서 선택된 것이다."(하이데거, 『존재와 시간』) 존재는 단지 거기 있음이며, 그 자체로는 아무 의미도 없다. 동양의 현자 노자에 따르면, 우리의 거기 있음은 본래 그러함이다. 이때 "우리"는 살아 있는 생명 전부를 끌어안는 호칭이다. 지구 생태계의 생겨남과 이룸 속에서 "우리"의 있음은 매우 자연스러운 현상이다. "모든 물리적 특성이 생명과 의식이 존재하기에 적합하도록 작용하는 우주에만 우리는 존재할 수 있다."(프랜시스 콜린스, 『신의 언어』) 사람은 그 "우리"의 일부다. 사람은 원자 덩어리로 이루어진 피동적인 '있음'일 뿐만 아니라 '있음'을 가능하게 한 존재적 사건의 기원을 묻는 역동적 존재다. 시와 철학은 공통적으로 그 "있음"의 저 깊은 곳을 응시하고 그것에 대하여 말하고자 한다.

시적 언어의 탄생

시적 언어와 일상언어의 가장 큰 차이는 리듬에서 나타난다. 시적 언어는 리듬을 품지만 일상언어는 리듬이 없다. 운문이 갖는 리듬은 언어에 주술성을 불어넣고, 청자들의 감정적 흥분을 일으키며, 일상의 언어를 주문(呪文)의 언어로 바꾼다. 고대의 운문 언어들은 구와 후렴의 반복으로 이루어진 신을 찬양하는 노래, 비술, 기도, 저주, 주문에 뿌리를 둔다. "세계 어디에서나 주문은 특이한 어순이나 어법, 화려한 단어, 운율과 강한 리듬, 반복, 모음운 등의 비일상적 언어를 사용한다."[1] 애초부터 시적 언어는 리듬과 반복을 통해 새로운 힘을 갖게 된 주술의 언어, 몽환의 언어, 비밀과 제의의 언어다. 정수자 시인의 언어 감각은 매우 뛰어나다.

자, 구체적인 시를 통해 살펴보도록 하자.

꽃 한 송이 피우는 데 가담한 적 없는데

꽃 진다, 찍는 것도 가소로운 간섭 같아

숙이며 지나치려 하니 발 놓을 데 가뭇없네

아픈 쪽에 가담해온 詩 자취도 희미할 때

뒤트는 지렁이들 피해 서던 아래쯤엔

말없이 기는 것들이 흙빛 윤을 돋우려니

---

[1] 엘렌 디사나야케, 『미학적 인간』, 김한영 옮김, 예담, 221쪽.

가벼운 적선만 같아 '좋아요' 망설이듯

슬픔도 함부로는 호명치 않으리라

테라도 우웅 울려야 꽃숨 없는 가담이려니
—「소심한 고백」전문

 이 시집의 시들은 정통 시조 율격에 충실하다. 정형시 양식이 요구하는 외재적 율격을 잘 지키고 있을 뿐만 아니라 아픈 것들이 내지르는 고통의 신음에 호응하며 보듬고 패자의 고단한 삶을 품어 안는 넉넉함에서 윤리적 감동을 낳는다. 그 시들 중 어느 하나 빠지지 않고 언어 율격의 엄격함 속에서 빼어난 미학적 성취를 이루고 있다. 우리 삶의 시시콜콜함을 두루 끌어안고 그것을 향한 자기성찰적 태도의 진정성으로 일군 그 시적 깊이는 매우 의연한 바가 있다. 정수자의 시는 우리 시조 형식을 넘어서서 한국시 전반으로 영역을 넓혀서 보더라도 드높은 성취로 꼽을 만하다.「소심한 고백」의 첫 연이 보여주는 절창을 보라! 시조의 정형적 율격 안에서 "꽃 한 송이 피우는 데 가담한 적 없"다는 겸손한 고백에 이어, "꽃 진다, 찍는 것도 가소로운 간섭 같"다는 그윽한 자기 돌아봄, 그리고 "숙이며 지나치려 하니 발 놓을 데 가뭇없네" 같은 관조적 깨달음이 잘 어우러진다. 매인 데 없이 자유

롭고 초월적 눈은 삶의 안 보이는 본질을 차분하게 관조한다.

  허공을 찢으며 우는 기러기떼 발톱이여

  멀건 국물에 뜬 노숙의 눈발들이여

  한평생 오금이 저릴 저 강변의 아파트여
          ―「슬픈 편대」 전문

 「슬픈 편대」와 같은 시는, 생의 어느 한 찰나를 묘사하는데, 그 서늘한 아름다움에 놀란다. 이 시의 배경은 늦가을에서 초겨울로 넘어가는 계절이다. 기러기떼가 날고, 눈발이 날린다. 그 속에 강변의 아파트가 서 있다. 무심한 듯 포착한 이 찰나의 풍경이 울림을 주는 것은 이 안에 삶의 기미들이 희미하게 드러난 까닭이다. 기러기떼는 철 따라 살 곳을 찾아 이동하지만, 사람은 강변 아파트라는 붙박이 장소에 매인 존재다. 기러기떼, 눈발, 강변의 아파트 등이 무심히 대비되는 풍경을 이룬다. 이 외부 풍경의 물질성 어디에도 마음은 보이지 않는다. 그럼에도 이 시는 마음이 머금은 공동(空洞)을 확연하게 드러낸다. 그 공동을 드나드는 것은 삶의 허무다. 그러니까 이 외부 풍경은 시인의 마음이 투사된 풍경인 것이다.

시는 방언으로 터져 솟구치는 것

한 권의 시집에는 창작자의 '시론'이 될 만한 시편들이 반드시 들어 있다. 정수자의 시집에서 '시론'을 감당하는 시편은 「시라는,」이라는 작품이다. 시에 대한 오랜 숙고가 깃든 작품이다.

> 시라는, 끗발 없는 면역 없는 긴 감염에
> 혼자 울다 혼자 떠는 자위의 긴 병통에
>
> 세상의 헌 데를 돌다가
> 바람의 뒤나 밟다가
>
> 손을 거듭 씻어도 깊이 물든 보균으로
> 방언 마구 터지는 부족처럼 솟구치다
>
> 그 결에 발등을 또 찧는
> 부관참시 관을 짜는
>
> 제 설움에 높이 우는 무연고의 곡비인 양
> 조문의 긴 밤이다 위령의 운명인 양
>
> 시라는, 부적도 없는

귀신에 깊이 들린

　　　　　　　　　　―「시라는,」전문

  시적 영감이 전두엽에 내리꽂히는 번개라면, 시는 번개를 맞아 토해내는 피의 분출이다. 시는 직관이 번득이는 찰나의 예술이다. 그 찰나에는 노릿한 감상주의가 깃들 여지가 없다. 다른 한편으로 시는 숙고의 예술이다. 체험과 긴 기억을 버무리고 오래 숙성한 끝에 얻어지는 것이다. 그것은 체험의 정수(精髓)여야 하고, 상상력의 마술이어야 한다. 시는 고통의 대가를 지불하지 않고는 단 한 줄도 얻을 수 없다. 한 줄의 시를 얻자면 몸을 죄고 비틀어 짜내야만 한다. 이렇듯 시는 고통의 축적을 통해 나아가는 일이다. 시인은 발등을 찧고, 부관참시 관을 짜는 일이라고 한다. 과연 시를 쓰는 일은 "면역 없는 긴 감염"이고, "부적도 없는 귀신에 깊이 들린" 것이다. 무섭다. 저 초자연적인 힘에 기대지 않고 시는 나올 수가 없다니! 시는 "깊이 물든 보균으로 방언"같이 터지는 것이고, "무연고의 곡비인 양" 우는 울음이다.

울음과 그늘의 시

  왜 시가 울음인가? "울다 깬 새벽이면 다른 생에서 왔나 싶게/서름한 그림자가 창 너머에 우련 섰다"거나 "울다 깬 서름한 날이면 고아인 양 서러웠다"(「서름한 날」)를 보면, 살아 있음에 깃든 본원적 설움 때문이다. 초목, 동물, 사람 등등 생명 가진 것들은 다 아프고 서럽다. 생명 가진 것들의 본바탕에 깃든 아픔과 서러움을 응시하는 일은 처연하다. 시인은 그 처연함을 온몸으로 받아낸 끝에 "나무야/너도 아프니/온 삭신이/풍장이니/……/크게 한번/울고 가렴"(「그래그래」) 하는 것이다.

    속눈썹 좀 떨었으면
    세상은 내 편이었을까

    울음으로 짝을 안는 귀뚜라미 명기(鳴器)거나 울음으로 국경을 넘은 흉노족의 명적(鳴鏑)이거나 울음으로 젖을 물린 에밀레종 명동(鳴動)이거나 울음으로 산을 옮기는 둔황의 그 비단 명사(鳴砂)거나 아으 방짜의 방짜 울음 같은 구음(口音) 같은 맥놀이만 하염없이 아스라이 그리다가

    다 늦어 방향을 수습하네
    바람의 행간을 수선하네

                             —「환향」 전문

정수자 시인의 시는 그늘, 응달, 패자, 낙화, 폐사지, 붉음, 슬픔의 시다. 시인은 기우는 것, 속수무책으로 하염없는 것, 싸움에 져서 밀려난 것, 절정에서 바닥으로 떨어지는 것, 이미 무너져내린 것, 감정의 무거운 나락인 것을 편애하고, 기꺼이 그 편에 선다. 시인이 "응달집은 그늘도 응당 깊"은 곳에서 살았던 적이 있었나 보다. "빈손을 쥐었다 풀었다/그늘을 필사"하며 보낸 어린 시절의 체험 때문에 "그늘 장기수"를 자처하고(「그늘 장기수」), "그늘 본적"을 자랑하는지도 모른다 (「그늘 시봉」). 그늘은 빛과 어둠의 중간지대. 그늘의 세계를 물들이는 것은 낮과 밤, 삶과 죽음 사이에 걸쳐져 있는 어슴푸레함, 달리 말하면 밝은 어둠이거나 어둔 밝음이다. 생명을 "활동하는 무(無)"가 그렇듯이 "밝은 어둠"이란 형용모순이다. 그늘이란 살아 있어서 서러운 생명의 그윽한 색조다. 시인의 그늘은 어둡기만 한 것이 아니라 "살아 있음의 광휘"(「그나마 다행」)로 둘러싸인 그늘이다.

구름이 자리 펴면 잔등부터 시린 것은
산그늘 천수답의 쓸쓸한 상속 같다
굴뚝께 엄니 언니 눈물
훔쳐보다 물려 입은

살림 밑천 언니는 서울 그늘로 시집가서

변두리 비탈집에 달빛 수를 놓다가
간간이 한숨 소리를 가을비에 부쳤는데

천식으로 홀로 붉던 늦가을도 늦은 밤에
이불 괴고 앉으면 뜨락이 식는 소리
바람이 고시랑고시랑 서리가랑잎 볶는 소리

제사 많은 가난한 집 우둑우둑 서릿발 돋운
밤새랑 시래기랑 찬 그늘에 데었건만
살(煞) 맞듯 허름한 밤이면
새 문장이 덜컹댔다

—「그늘의 상속」 전문

  시인은 남보다 그늘을 보는 시력이 뛰어나다. 그늘은 청각적인 것의 시각화 속에서 돌연 보는 것이 듣는 것으로 바뀐다. "폐사지 종그늘"(「폐사지 그늘」)이 그러하고, "만가 속 흰소리 그늘"(「흰소리 그늘」)이 그러하다. 「그늘의 상속」에 따르면, 시인의 가계(家系)는 그늘의 혈통을 잇는다. 삶이 "잔등부터 시린" 것은 "산그늘 천수답의 쓸쓸한 상속" 탓이다. 특히 어머니에게서 언니로 이어지는 여성의 삶이 더욱 시리고 아프다. 언니는 "산그늘" 아래에서 뼈가 굵어진 다음 "서울 그늘"로 시집을 간다. 그늘은 가계에 드리워진 뿌리치기 힘든

질긴 운명이다. 그랬기에 서릿발 돋는 시린 밤 "밤새랑 시래기랑 찬 그늘에 데"고, "살(煞) 맞듯 허름한 밤"을 맞는 것이다.

아픈 쪽에 가담해온 시

만해 한용운은 꽃은 떨어지는 향기가 아름답고, 해는 지는 빛이 곱다고 했다. 자취를 감춰 사라지는 것들은 애닲고, 애달픈 만큼 아름답다. 시인의 고백에 의하면 그의 시는 "아픈 쪽에 가담해온 시"(「소심한 고백」)다. 애닲고 아픈 것들이 시를 낳는다. 한편으로 시를 "지극한 울음"이라고 했다. 명기(鳴器), 명적(鳴鏑), 명동(鳴動), 명사(鳴砂)들, "방짜의 방짜 울음 같은 구음(口音)"들이 다 울음과 연관되는 어휘들이다. 두말할 것도 없이 울음은 슬픔의 표현이다. 그것은 슬픔이라는 감정이 격해진 상태에서 제어할 수 없는 흥분과 불안, 그리고 비통함을 동반하는 흐느낌이다. 그럴 때 울음은 오열이나 통곡이다. 그러나 양식화한 울음, 즉 곡비의 울음 따위 "선율적이고 가성(假聲)을 내는 울음 형식", 음악적으로 "세공된 울음"이다.[2] 울음이 자연적인 성격을 벗어나 제의와 미학의 형식을 띠는 것이다. 정수자의 시집에는 나혜석, 일본군 위안

---

2) 이 논의는 엘렌 디사나야케, 앞의 책, 247쪽에 보다 자세하게 나와 있다.

부, 당고모, 세월호 재난으로 명을 달리한 이들을 위로하는 제의의 시들을 포함해서 애꿎게 눌리고 찢겨 죽은 자들의 해원을 비는 울음의 시들이 다수 있다.

    자분자분 새김질로 저녁이 또 길어진다

    과부하가 걸린 듯이 지레 붉은 단풍 사이

    밀쳐둔 신간들 앞에 생이 자꾸 더부룩하다

    새김질은 어쩌면 슬픔을 수선하는 일

    뭉텅 삼켰거나 홀쩍 들이켰거나

    파지 속 붉은 신음을 씹다 젖다 별도 찾듯

    신트림들 되새기며 점점 길게 저물려니

    매일 홀로 넘어도 석양 저리 장엄하듯

    시라는 지극한 울음을 비장처럼 길렀으니
                        —「가을 저녁의 말」 전문

이 시에서 주목할 만한 점은 시쓰기가 신체의 반응에 연결된다는 사실이다. 더부룩하다거나, 삼켰다거나, 들이켰다거나, 신음했다거나, 신트림했다거나 하는 것은 다 신체의 반응들이다. 신체적 실감에 덧대인 시는 관념과 추상을 꿰뚫고 나온다. 그것은 시가 몸으로 살아내는 일과 무의식의 끈으로 연결되고 있음을 암시한다. 항상 좋은 시들은 머리에서 나오지 않고 몸을 돌아나온다. 몸이란 무엇인가? 몸은 머리와 목, 몸통과 팔다리, 심장과 신장, 살과 뼈, 체액과 피부, 그밖에 신경, 혈관, 선(腺), 모근 등을 포함하는 모든 것이다. 몸은 삶을 지탱하는 것, 욕망의 누각이다. 벌거벗은 몸이란 그 자체로 벌거벗은 삶이다. 몸 없이는 삶도 있을 수 없다. 이 몸은 결국 덧없이 소멸하는 몸이다. 그런 까닭에 시는 육체의 삶에 깃들이는 "장엄한 슬픔"을 머금을 수 있다.

"붉다", 그 붉은 마음의 시

잘 먹고 잘 사는 자들은 시를 모른다. 그들은 타고나기를 삶의 노역(勞役)에서 멀리 벗어난 삶을 살기 때문이다. 그들에겐 시의 밥, 시의 희망이 필요 없다. 시를 읽는 것은 대개는 가난하고 아픈 자들이다. 그들만이 밥과 희망이 필요하기 때문이다. 정수자의 시들은 "지금이 어디예요?"라고 묻는 마음의 시들이다. "지금은 여기인데/어디는 늘 다른 데라"(「지금이 어디예요?」), 즉 지금과 여기가 하나로 통합되지 못하고 어긋나 있는 탓에 우리는 황망해진다. 우리 삶이 대개는 그러하다. 많은 이들에게 살아가는 일은 호구지책에 전전긍긍하며 부산하고 고달플 뿐 의미와 보람이 쌓이지 않는다. 현실이 그러하니 시인의 마음은 항상 편치 못하다. 시인이 좋아하는 표현에 따르자면, 그 마음은 항상 "붉다". 그것은 "눈시울이 하냥 붉다"(「붉은 저녁」) 할 때의 그 "붉다"이다. "슬픔으로 장엄한"(「장엄한 귀」) "붉다"이고, "붉은 꿈", "붉은 풍문"(「빨치산을 읽는 밤」) 할 때의 "붉다"이며, 선각의 삶을 살다 날개가 꺾여 피 흘리는 이의 "그 눈이 여직 붉다"(「너무 이른 사람」) 할 때의 "붉다"이다.

시인의 마음은 개인의 영달을 꾀하는 것, 저 혼자 잘 먹고 잘 살자는 욕심에서 멀다. 시인의 마음은 "밥 먹자/같이 먹자고/온몸으로 종을" 치는 마음, "허공 벼랑에 희망을 파종하"는 마음이다(「어느 별지기에게」). 시인의 마음이 붉은 것은 세상이 고르지 않은 까닭이다. 정수자의 시들이 깊고 그윽한데, 그것은 여실지견(如實知見)에 바탕을 두는 마음, "내 마음이 바로 부처다"라고 할 수 있는 마음으로 만물을 두루 품고 밀고 나간 시들이기 때문이다. 그의 시에 구비치는 마음은 맨 처음의 마음, 한 옛적의 으뜸인 마음, 우주 궁극의 마음이다. 그 마음만이 실제와 이치에 맞게 보고 느끼며, 만물 속에 불성(佛性)이 있음을 깨닫는다.

이 도서의 국립중앙도서관 출판시도서목록(CIP)은 서지정보유통지원시스템 홈페이지(http://seoji.nl.go.kr)와 국가자료공동목록시스템(http://www.nl.go.kr/kolisnet)에서 이용하실 수 있습니다.(CIP제어번호: CIP2016011154)

시인동네 시인선 053

비의 후문

ⓒ 정수자

초판 2쇄 발행 2016년 8월 29일
초판 3쇄 발행 2016년 12월 5일
지은이 정수자
펴낸이 고영
책임편집 류미야
디자인 혜이존
펴낸곳 문학의전당
출판등록 제311-2012-000043호
주소 서울시 은평구 연서로11길 7-5 401호
편집실 서울시 마포구 마포대로 127, 413호(공덕동, 풍림VIP빌딩)
전화 02-852-1977
팩스 02-852-1978
블로그 http://blog.naver.com/mhjd2003
전자우편 sbpoem@naver.com

ISBN 979-11-5896-255-5 03810

*이 책의 판권은 지은이와 문학의전당에 있습니다.
*양측의 서면 동의 없는 무단 전재 및 복제를 금합니다.
*잘못 만들어진 책은 바꿔드립니다.
*이 시집은 〈2016 세종도서 문학나눔〉 도서에 선정되었습니다.